AF348225

MÉMOIRE

Sur la nécessité de fonder une école pour former des maîtres, selon le plan d'Éducation donné par le Parlement en son Arrét du 3 Septembre 1762. les 4 mém. sont de l'abé Pellicier.

L'INTÉRÊT de la patrie est l'intérêt de tous les citoyens. Le bien public est le bien de chaque particulier. Dans l'affaire présente, chaque citoyen doit prendre pour lui les ordres donnés aux Universités par le parlement : * *In publicos hostes*, dit Tertullien, *omnis homo miles.*

------

* Apolog. chap. 2, page 3.

A

Former le cœur & l'esprit, c'est l'éducation considérée dans toute son étendue;
c'est à ce double objet que doivent se rap-
porter toute la vigilance & toute l'étude
de ceux qui, par état, sont établis pour
conduire, instruire & corriger ceux qui
sont confiés à leurs soins.

L'objet total de l'éducation est de faire
des hommes, des citoyens utiles à la patrie. Fixons le sens de ce langage trop
équivoque dans le monde. On n'est citoyen que lorsqu'on aime le bien de la
société, qu'on ne s'aime pas seul, ou,
tout ce qui n'est pas soi-même pour soi-
même. Cet homme, le vrai citoyen, *c'est
le chrétien.* C'est donc perdre de vue son
objet, si en travaillant à l'éducation de
la jeunesse, on ne s'applique qu'à en faire
des gens d'esprit; si on ne regarde comme défaut, que les défauts de l'esprit;
si on ne travaille principalement, essentiellement, & sans distinction, à faire
des hommes de tous ceux dont on est
chargé. C'est un devoir, & un devoir

[5]

facré de la part des maîtres, de cultiver les talens que Dieu a donnés, felon la mefure qu'il lui a plû, aux enfans qui leur font confiés. Les uns ont plus reçu, les autres ont moins reçu ; l'éducation eft cependant pour tous ; tous ont droit à l'inftitution, & le maître fe doit à tous. Tous doivent donc fortir de fes mains avec quelque profit. L'efprit aura fait plus ou moins de progrès dans la connoiffance des fciences utiles ; mais le cœur doit être meilleur dans tous ; tous ont du apprendre de leur maître *ce qu'ils doivent à Dieu, au prochain, à eux-mêmes : comment on déplaît à Dieu, comment on manque au prochain, comment on fe deshonore foi-même.*

La maniere ou la méthode de l'éducation, eft auffi importante que l'éducation elle-même. L'homme, fans éducation, n'eft homme qu'à demi, s'il eft homme. L'homme, avec de l'éducation, mais mauvaife éducation, n'aura, dans le cours de fa vie, que la moitié de fes

années, si, par de nouveaux efforts, &
rentrant, pour ainsi dire, dans le berceau
de la formatrice du cœur & de l'esprit,
il ne devient à lui-même, & pour lui-
même, ce que ses premiers maîtres n'ont
pas été.

On doit regarder comme mauvaise
toute éducation *où le cœur n'a pas appris
à être formé par les connoissances de l'esprit ; où l'esprit n'a pas été cultivé par la
vérité des préceptes ; où le cœur n'a pas
conduit & comme gouverné l'instruction
de l'esprit, & où l'esprit n'a pas été par-
ticulierement appliqué à former le cœur.*

Les enfans sont appellés, selon le
cours ordinaire, à succéder à leurs peres ;
c'est-à-dire, (si on ne veut pas se trom-
per) à la religion de leurs peres, encore
plus qu'à leur nom ou à leur fortune.
La religion, le christianisme, doit donc
être le premier & le point principal de
l'éducation.

Si telle est essentiellement la vérité de
l'éducation, il n'y a parmi ceux qui sont

[5]

employés dans ce précieux miniftère,
d'ouvriers ou de maîtres vraiment utiles,
que ceux dont le travail démontre les
mêmes principes dans l'exécution, & qui
par leur maniere de conduire & d'inftruire, perfuadent qu'ils font intime-
ment convaincus que c'eft à Dieu, à la
patrie, à toute la fociété, qu'ils font
refponfables de leur temps & de leurs
talens.

Le malheur le plus déplorable dans
ce genre, feroit que des hommes dignes
par leur état des plus grands éloges, des
hommes à qui Dieu a réfervé des ré-
compenfes éternelles, ne connuffent pas
eux-mêmes l'excellence de leur vocation, & l'importance d'y être fideles.

Un maître, formé par les vrais principes, eft un homme qui fçait que, par
l'ordonnance de Dieu même, chaque
particulier doit employer les talens qu'il
a reçus, au bien de la fociété ; qui, felon
la penfée de faint Grégoire de Nazianze,
ne regarde pas fon état comme un moyen

de faire fortune ; * mais comme un mi-
niſtère dont il ſera obligé de rendre
compte ; qui ſçait qu'il eſt paſteur &
maître ; qui ſçait qu'il doit inſtruire &
par l'exemple & par la parole ; qu'à tout
inſtant il doit être en garde ſur lui-même, parce que par ſon exemple, ſans le
vouloir & ſans le ſçavoir, il peut faire
beaucoup de bien ou beaucoup de mal ;
qui ſçait qu'il a beſoin de beaucoup de
prudence & de modération pour re-
prendre tout ce qui doit être repris,
tolérer en même temps bien des choſes,
que l'on ne peut corriger que dans cer-
taines circonſtances ; qu'il faut réunir,
s'il eſt poſſible, les motifs de crainte &
les motifs fondés ſur la raiſon ; employer, autant que les enfans en ſont
capables, & ſelon les occaſions, les motifs de la piété & de la crainte de Dieu ;
qu'il faut de la fermeté, & toujours
beaucoup de douceur ; qui ſçait enfin,

---

* Orat. 1.

& qui eſt bien convaincu, que ſes ſoins & ſa vigilance ſeroient infructueux ſans le ſecours du Tout-puiſſant, qui peut ſeul faire porter du fruit aux jeunes plantes cultivées par la main des hommes.

Tout établiſſement ſuppoſe des règles, des devoirs, des préceptes. Dans l'éducation, les préceptes ſeuls ne forment pas les maîtres ; il faut de plus, dans les maîtres, aſſez de bonne volonté & aſſez d'intelligence pour ſe rendre propres les préceptes, & pour n'en pas faire l'application à contre-temps. La ſcience & les talens ſont indiſpenſablement néceſſaires à un maître ; mais la ſcience & les talens, s'ils ſont ſeuls, ne font pas un maître excellent ; ce qui conſtitue le maître, c'eſt *la ſcience du gouvernement, & le gouvernement eſt le gouvernement des eſprits.*

Un collège, une claſſe, une penſion, une maiſon quelconque d'inſtitution, ne mérite la confiance publique que par ſa diſcipline & ſes coutumes. Il n'y a point de diſcipline où il n'y a point de règle ;

Il n'y a ni règle ni difcipline dans une maifon où les maîtres ne s'appliquent pas à la faire obferver. Les abus efface-ront bientôt jufqu'aux moindres veftiges de la règle, fi les maîtres manquent ou de zèle ou de difcernement ; de zèle, pour s'oppofer aux tranfgreffions ; de difcernement, pour s'y oppofer de la maniere qu'il convient de le faire, ou fortement, ou foiblement, ayant égard aux temps & aux circonftances. Tout ce qui eft mal doit être corrigé ; mais la maniere de le faire, varie prefqu'à l'infini. La règle eft la même pour tous ; mais la manière de la perfuader, de la faire ai-mer ou de la faire craindre, n'eft pas la même. Les efprits turbulens & farouches ne peuvent pas être conduits comme les efprits tranquilles & paifibles ; les efprits cachés exigent d'autres foins que les ef-prits ouverts & fincères.

Concluons.

1°. Un maître, prépofé à l'éducation de la jeuneffe, eft un homme qui doit réunir dans lui presque tous les talens : les qualités du cœur, celles de l'esprit ; les mœurs, les manieres, & singuliere-ment le bon goût & la vraie idée de l'ordre.

2°. Un maître, tel que nous le défi-nissons, n'est pas le premier venu ; l'es-pece de ces hommes n'a peut-être été dans aucun temps bien commune.

3°. La patrie a un besoin essentiel que l'espece de ces hommes soit perpétuée. Si l'espece en est considérablement di-minuée, il faut se hâter de la multiplier par la crainte qu'elle ne périsse totale-ment. Dans quel état est la patrie à cet égard ? Sommes-nous riches ? Sommes-nous pauvres ?

4°. Enfin, nous concluons que l'éta-blissement d'une Ecole pour former des maîtres, est le plus utile de tous les éta-blissemens ; & que le bien de la patrie demande que cet établissement soit fon-dé. Le fonder cet établissement, c'est as-surer à nos descendans une source inta-

riffable des fecours les plus précieux &
les plus néceffaires à l'homme ; & à la
nation entière fa gloire & fes prérogati-
ves.

Nous n'entrerons point dans l'examen
de la queftion, *Trouve-t-on des maîtres ?*
Forme-t-on des maîtres dans quelque mai-
fon ? Interrogez, fi vous voulez vous inftruire, interrogez les parens zélés pour
l'éducation de leurs enfans : interrogez
les hommes amis du bien public. De
toutes parts on n'entend que des plaintes.
On ne trouve plus de maîtres : il ne fe
forme plus de maîtres.

L'axiome des anciens eft connu, il eft
de tous les temps : *Ex opere probatur*
opifex. A l'œuvre on connoît l'ouvrier.

Donnez des cultivateurs aux campa-
gnes ; encouragez le laboureur ; appre-
nez-lui la méthode la plus fûre & la
moins difpendieufe de mettre les terres
en valeur ; & vous pourrez (*fous le bon*
plaifir du premier Être) répondre des ré-
coltes. Donnez à la patrie des maîtres

chrétiens, des maîtres fçavans, des maîtres vigilans, des maîtres *qui eux-mêmes ayent eu de l'éducation*, & vos enfans, cultivés par ces mains habiles, vous feront rendus chrétiens, avec des mœurs pures & du fçavoir. Vos enfans feront hommes.

C'eft une vérité d'expérience que le fuccès de l'éducation dépend des maîtres. Communément les enfans font pour la vie ce qu'ils font en fortant des mains de ceux qui ont préfidé à leur éducation.* Ils auroient de la piété, de la politeffe, des manières, fi leurs maîtres avoient eux-mêmes ces vertus. Les vœux de la patrie feroient accomplis, fi les enfans entroient dans la fociété avec ces principes. Mais peut-on le diffimuler ! Ou il n'y a point de réforme à faire dans la pratique actuelle de l'éducation, ou les maîtres actuels eux-mêmes, la rende néceffaire.

---

* *Adolefcens juxta viam fuam, etiam cùm fenuerit, non recedet ab eá.* Proverb. 22, 6.

La néceſſité de réformer la pratique actuelle de l'éducation peut être priſe de la mauvaiſe volonté des maîtres ou de leur incapacité. La cauſe du mal peut n'être pas la même dans tous, tous peuvent n'être pas coupables au même dégré; mais la patrie n'en ſouffre pas moins, & elle dit aux uns & aux autres : *Ne ſis ergò imperator.*

La réforme, dans l'état préſent des choſes, a deux parties. La réforme des maîtres : la réforme de la méthode de l'enſeignement. La ſeconde partie ſuppoſe néceſſairement la premiere ; & la premiere exécutée, la ſeconde ne trouvera plus d'obſtacles.

L'Univerſité eſpere ou ſe promet de former des maîtres, en réuniſſant les bourſiers des petits collèges dans une même maiſon. Tous les ordres qui, avant la fin du parlement, ont donné leurs mémoires, ont applaudi à ce projet de réunion. Elle eſt à deſirer à tous égards. Elle ſera infiniment profitable aux particuliers

qui en font l'objet ; & par la conséquence
du particulier au général, elle sera avan-
tageufe à la patrie. L'efpérance de l'Uni-
verfité eft-elle fondée ? Les obfervations
fuivantes ferviront à décider la queftion.

1°. Il eft de la dernière conféquence
(le fait fe démontre par lui-même) que
la jeuneffe de la nation ne foit confiée
qu'à des maîtres connus, formés tout ex-
près, & dont la vocation foit manifeftée
par l'épreuve. L'intérêt de la patrie demande que ces maîtres de l'inftitution
publique ou particuliere, trouvent leur
caution dans d'autres maîtres comptables
eux-mêmes par état aux loix & à la patrie.

2°. Les études finies, c'eft-à-dire, après
la philofophie, on fe croit appellé à fervir
la patrie, en s'appliquant à l'éducation.
Le motif qui détermine eft communément l'impuiffance de prendre un autre
parti, ou comme l'on dit, l'impuiffance
de faire ou mieux ou autrement. Ce motif donne-t-il les talens ?

3°. Les élèves de la maifon de réunion,

auront réuffi dans leurs études, on le fuppofe. Auront-ils appris par principe la maniere d'inftruire, de gouverner ? De plus : autre chofe eft ; fçavoir pour foi : autre chofe ; fçavoir pour les autres.

4°. Un homme a un talent principal, quelquefois un feul : rarement, en fait de fcience, tous les talens fe trouvent dans le même individu. Qui eft-ce qui décidera le talent propre de ces écoliers, s'ils fe préfentent eux-mêmes ?

5°. Ces écoliers devenus maîtres dans deux jours, ou ces maîtres pris au fortir des claffes, ne feront pris qu'à l'effai ; & en fait d'éducation, l'effai eft toujours équivoque, fouvent funefte à ceux qui en courent les rifques.

L'inftitution d'une École pour former des maîtres, eft donc un établiffement que le bien de la patrie décide être né-ceffaire. Eft-il moins important pour la nation que la jeuneffe de tous les rangs & de toutes les conditions, qui fait la reffource de l'état, ne foit confiée qu'à

[1 5]

des mains sûres, habiles, éprouvées,
qu'il lui eft avantageux de voir dans la
capitale & ailleurs, la jeune nobleffe
qui fera un jour fon rempart contre fes
ennemis, formée par les foins les plus
fuivis dans l'art de faire refpecter les li-
mites de fon empire ? Mais cet établiffement, quel eft le particulier qui pût
en jetter les fondemens ? L'état feul peut
l'encourager, ou plutôt le faire exifter.

POST-SCRIPTUM.

Quelles pourroient être les conftitu-
tions, la règle, la difcipline de l'école
pour former des maîtres ?

Ne feroit-il pas néceffaire qu'il y eût
dans la capitale & dans les provinces
quelques maifons fous la protection &
la dépendance des Univerfités, où l'on
apprendroit aux jeunes gens qui y feroient élevés, autre chofe que du Latin
& du Grec ? Tous les enfans n'ayant pas
l'efprit tourné du côté de l'étude des
langues, ou de ce qu'on appelle grandes

ſciences, doivent-ils, ceux-là, ſe trouver
ſans reſſource, ou faut-il conſentir à
l'ignominie de leurs études ? Tous les
enfans ſont ſujets de la nation ; & dans
les différens états de vie & de la ſociété,
dans les différens emplois qui ne ſuppo-
ſent pas les études, la nation veut que
l'on ſoit honnête homme, ſçavant dans
la religion, &c, &c, &c.

*On pourra examiner ces queſtions dans
un ſecond ou troiſième Mémoire.*

www.ingramcontent.com/pod-product-compliance
Lightning Source LLC
LaVergne TN
LVHW010823180726
843502LV00009B/3503